M000078755

This Songwriter's Notebook Belongs To:

_____

_____

_____

Song Title: _____ Date: _____

Song Title: _____ Date: _____

Song Title: _____ Date: _____

Song Title: _____ Date: _____

_____

_____

_____

_____

_____

_____

_____

_____

_____

_____

_____

_____

_____

_____

_____

_____

_____

_____

_____

_____

_____

_____

_____

Song Title: _____ Date: _____

Song Title: _____ Date: _____

Song Title: _____ Date: _____

Song Title: _____ Date: _____

Song Title: _____ Date: _____

Song Title: _____ Date: _____

Song Title: _____ Date: _____

_____

_____

_____

_____

_____

_____

_____

_____

_____

_____

_____

_____

_____

_____

_____

_____

_____

_____

_____

_____

_____

_____

_____

_____

Song Title: _____ Date: _____

Song Title: _____ Date: _____

_____

_____

_____

_____

_____

_____

_____

_____

_____

_____

_____

_____

_____

_____

_____

_____

_____

_____

_____

_____

_____

_____

_____

_____

_____

Song Title: _____ Date: _____

Song Title: _____ Date: _____

Song Title: _____ Date: _____

Song Title: _____ Date: _____

Song Title: _____ Date: _____

Song Title: _____ Date: _____

Song Title: _____ Date: _____

Song Title: _____ Date: _____

Song Title: _____ Date: _____

_____

_____

_____

_____

_____

_____

_____

_____

_____

_____

_____

_____

_____

_____

_____

_____

_____

_____

_____

_____

_____

_____

_____

_____

_____

Song Title: _____ Date: _____

Song Title: _____ Date: _____

Song Title: _____ Date: _____

_____
_____
_____
_____
_____
_____
_____
_____
_____
_____
_____
_____
_____
_____
_____
_____
_____
_____
_____
_____
_____
_____
_____
_____
_____
_____

Song Title: _____ Date: _____

_____

_____

_____

_____

_____

_____

_____

_____

_____

_____

_____

_____

_____

_____

_____

_____

_____

_____

_____

_____

_____

_____

_____

_____

_____

_____

_____

_____

Song Title: _____ Date: _____

Song Title: _____ Date: _____

Song Title: _____ Date: _____

Song Title: _____ Date: _____

Song Title: _____ Date: _____

Song Title: _____ Date: _____

Song Title: _____ Date: _____

Song Title: _____ Date: _____

Song Title: _____ Date: _____

Song Title: _____ Date: _____

_____
_____
_____
_____
_____
_____
_____
_____
_____
_____
_____
_____
_____
_____
_____
_____
_____
_____
_____
_____
_____
_____
_____
_____
_____
_____

Song Title: _____ Date: _____

Song Title: _____ Date: _____

Song Title: _____ Date: _____

Song Title: _____ Date: _____

Song Title: _____ Date: _____

_____

_____

_____

_____

_____

_____

_____

_____

_____

_____

_____

_____

_____

_____

_____

_____

_____

_____

_____

_____

_____

_____

_____

_____

Song Title: _____ Date: _____

Song Title: _____ Date: _____

_____

_____

_____

_____

_____

_____

_____

_____

_____

_____

_____

_____

_____

_____

_____

_____

_____

_____

_____

_____

_____

_____

_____

_____

_____

_____

Song Title: _____ Date: _____

Song Title: _____ Date: _____

Song Title: _____ Date: _____

Song Title: _____ Date: _____

_____
_____
_____
_____
_____
_____
_____
_____
_____
_____
_____
_____
_____
_____
_____
_____
_____
_____
_____
_____
_____
_____
_____
_____
_____

Song Title: _____ Date: _____

_____
_____
_____
_____
_____
_____
_____
_____
_____
_____
_____
_____
_____
_____
_____
_____
_____
_____
_____
_____
_____
_____
_____
_____
_____
_____
_____

Song Title: _____ Date: _____

Song Title: _____ Date: _____

Song Title: _____ Date: _____

Song Title: _____ Date: _____

Song Title: _____ Date: _____

_____
_____
_____
_____
_____
_____
_____
_____
_____
_____
_____
_____
_____
_____
_____
_____
_____
_____
_____
_____
_____
_____
_____
_____
_____
_____
_____
_____
_____

Song Title: _____ Date: _____

Made in the USA
Columbia, SC
18 July 2023